눈으로 하는 말

리토피아포에지 · 124
눈으로 하는 말

인쇄 2021. 12. 5 발행 2021. 12. 10
지은이 서정옥 펴낸이 정기옥
펴낸곳 리토피아
출판등록 2006. 6. 15. 제2006-12호
주소 21315 인천시 부평구 평천로255번길 13, 부평테크노파크M2 903호
전화 032-883-5356 전송032-891-5356
홈페이지 www.litopia21.com 전자우편 litopia999@naver.com

ISBN-978-89-6412-154-2 03810

값 9,000원

* 이 책은 순천시, 순천문화재단의 후원을 받아 발간되었습니다.

서정옥 시집

눈으로 하는 말

리토피아
LITERATURE & UTOPIA

시인의 말

모소대나무처럼 낮은 포복을 하며 쌓아올린 시들,
쌍둥이처럼 한 해 두 편의 시집을 발간하게 되어,
설레고 기쁜 마음이 일렁입니다.

하늘의 소리에 민감하게 반응하며
낮은 곳에서 신음하는 작은 소리에도
귀를 기울이려고 노력하였습니다.

고난의 순간들마다 자신을 내려놓고
시로 승화시키며 은혜 안에 살아온,
두 번째 시편을 세상으로 띄워 보냅니다.

부족하지만 이 시집을 통해 독자들과
한 걸음 더 다가설 수 있기를 바라는 마음입니다.

새벽하늘 초롱한 별빛을 바라보며
서 정 옥

차례

제1부 골단감

골단감·1 15
골단감·2 16
내 귀는 소라 껍질 17
가을꽃이 더 곱지 않던가 18
너를 찾는 목소리 20
등불이 있어 21
별 하나 떴다 22
시련, 화음으로 핀다 23
산행 24
와온 붉은 바다 26
작은 배 띄운다 27
KF 마스크 28
채석강 글 읽는 소리 30
발걸음 가볍게 31
가벼운 십자가 32
가을에 쓰는 편지 34
고들빼기김치 35
고요를 찾아서 36
공중목욕탕 37
그해 여름 38

제2부 꽃사슴

꽃비	41
긍정의 힘	42
기쁜 날	44
꽃사슴	46
꿀비, 단비	47
꿈꾸는 집	48
꿈꾸게 하는 이	50
꿈에 그리는 집	51
끝까지 사랑, 품게 하소서	52
나팔꽃	54
남쪽 바다 끝에서	55
눈으로 하는 말	56
너 있음에	58
늦은 봄 텃밭 식구들	59
단비	60
당신의 눈물	61
더 작은 소리	62
뚝배기	63
하늘이 주는 선물	64
망각	66

제3부 붓꽃

물방울 69
밀알 70
봄이 오는 소리 71
벽과 말하기 72
봄 따는 아낙네들 74
불타는 저녁노을 75
붓꽃 76
그대 사랑옵다 77
사월의 신부 78
산이 좋아 산에서 79
생명의 터전 80
세레나데 82
아름다움, 더 아름다운 83
솔가리 오솔길을 걷다 84
아낌없는 사랑 85
숨표 86
쉼이 있는 곳 88
아버지 가시던 길목 90
아버지의 마음 92
아버지 94

제4부 청보리밭

예쁜 가시들 97

억새들 다리를 놓았다 98

옷자락을 만집니다 100

잡초 102

지난날 103

지금, 고독한 그대에게 104

착각 106

텃밭의 불청객 107

청보리밭 108

파도야 부서져라 110

팽목항 111

평온한 삶을 위해 112

하늘이 내려준 휴가 113

하얀 알약 114

하얀 조약돌 116

할머니의 손 117

행복의 리듬 타기 118

화포 가는 길 119

힘들 때 기도의 손길들 120

행복한 웃음 122

해설/장종권 화음和音으로 피어나는 시의 자리(꽃) 123

—서정옥의 시세계

| 제1부 |

골단감

골단감·1

아랫장날
새벽부터 줄지어 늘어진 다홍빛 단감
노을빛에 곱게 물들어
윤기가 난다

한여름 뙤약볕
홍수가 나고 태풍이 불어도
끄떡없이 견뎌내더니

갈바람이 연지로 분을 발라
화사한 얼굴 수줍은 열아홉 처녀처럼
온 장안 곱게 물들어 향기로
단침 솔솔 부른다

곧단감·2

찬바람 부는 겨울이면 아버지께서는
감나무 밑동에 북을 돋우며
향내 나는 밑거름을 둥그렇게
넣어 두셨다

이듬해 추수 때면
멀리 삼촌도 인사를 하고
이웃사촌도 손을 보태어
수확 나누는 기쁨
서글한 배가 되었다

맘대로 검은 선을 그려
입 쩍 벌어진 녀석들
강한 단맛에 놀란 토끼마냥
벌이 침을 두고 달아났다

내 귀는 소라 껍질*

밴댕이 소갈딱지
하지옹심콩감자
부지런한 개미 허리
깨알보다 더 작은 밀알 씨

더욱 작은 소리는
피아노
피아니시모
피아니시시모
피아니시시시시모
피아니시시시시시시모

더욱더 작은 소리는
연약한 여인의 한숨소리
빛보다 빠른 바람소리
작은 소리 귀 기울이면
더욱더 크게 들려오지 않나요?

* 장 콕토Jean Cocteau의 시.

가을꽃이 더 곱지 않던가

봄에 피우지 못한 꽃이라고
비웃지 마라
피우다가 못다 핀 꽃도
다시 피어나고
한 번 피운 꽃도 자세히 보면
다시 피는 꽃도 있다

비바람에 시달려도 굴하지 않고
미운 정 고운 정 다 들여
그윽한 향기 담아내는
가을꽃이 더 곱지 않던가

가지마다 온 산 붉게 물들여
꽃피우지 않던가

노을빛에 물든 봉선화처럼
지는 해도 그 화려함을 자랑하고
단풍잎은 고아서 설움을 토해낸다

늦게 피운 꽃이라고
무시하지 마라
가장 늦게 피우는 꽃이
가장 아름답지 않던가
궂은 일, 좋은 일 하얗게 덮는
새하얀 눈꽃처럼

너를 찾는 목소리

변산 갈매기 너를 찾는 목소리가
정적을 깨우면
하얀 파도가 길을 놓는다

검스런 모래 위로 날아오르는 갈매기
잘게 부서지는 파도 물비늘 빛을 발한다

같은 듯 다른 반물빛
심장 멎듯 조용히 가슴에 안겨든다

고요를 깨우는 조곤조곤한
너를 찾는 목소리에 애끓는 심장소리

사람을 경계하지 않고 날아오르는 갈매기
색다른 정경에 놀라 설레는 가슴

등불이 있어

자정을 훌쩍 넘긴 시간
지친 몸 이끌고 돌아오는 길
밤늦도록 수고했다며
반가운 눈짓으로 위로하던 등불

나의 시선이 머물게 했던 십 층도
오늘은 반가운 기색 없이
가슴이 뚫려 까맣게 탄 허전한 마음이다

바람이 짓궂게 울어대는 공원 벤치에는
기분 좋게 하는 그의 해맑은 웃음소리가
귓전에 쟁쟁 울린다
불 꺼진 창문 너머 어둠을 뒤로한 채
자주 오라던 그의 손짓

주소를 옮겨간 그곳에는 이 밤도
밤이 새도록 환한 등불이 있어
또 다른 발걸음 가볍게 하고 있겠지

별 하나 떴다

몸 검진으로 몸에게 묻는 날
발걸음이 무겁다

너를 만나 아쉬운 작별을 하고
창문 너머 지는 해를 바라본다

초저녁 밤하늘 어두워지는 마을에
총총히 모여드는 흐드러진 별빛들

작은 가슴에 별 살며시 다가와
꺼지지 않는 소망 하나 일으킨다

높은 우주 공간 찬란한 별
때 묻지 않는 고귀한 꿈 꽃피우고

어둠 밝히는 샛별들과 나란히
우주 공간 환히 밝히는 참빛이 되길
맞잡은 두 손에 힘을 더한다

시련, 화음으로 핀다

누군가의 손을 놓고
내게 온 난초
세 해를 거뜬히 뛰어넘더니
햇살이 곱게 피어나는 어느 날 아침
살짝 감긴 두 눈을 마주하던 날

메마른 꽃대 사이 살굿빛 고운 얼굴이
하늬하늬 나비처럼 너울을 쓰고
방긋 웃음을 터트린다

그 섬세하고 고운 선율
고난은 또 다른 기쁨의 시작이라
시련의 시간 뛰어넘어 화음으로 핀다

푸른 입술 선율 따라 나팔 소리로
행복한 미소를 물고 온다

산행

열흘간의 한가위 긴 연휴
책상 위에 쌓아둔 책 하나 붙들고 싶은 날
청명한 가을 하늘이 하얀 양떼구름을 몰고 온다
코끝에 산들바람 일으키면
발은 봉화산 중턱을 오른다
산은 손에 잡히지 않는 큰 책이다
작은 돌 큰 나무 사이로 글 읽는 소리가
미처 표현하지 못한 고운 색감을 풀어내
단풍잎을 채색한다
붓을 잡은 가녀린 억새와
하얀 분 어여삐 두드리는 구절초와
약속한 듯 살랑 내려앉는 빛바랜 나뭇잎이
맨살을 비비며 보듬고 쓰다듬는다

입구부터 시작되는
산까치, 쓰르라미, 여치들의 청량한 목소리
솔로 듀엣 어우러진 합창
햇살이 시를 지어 나르는 동안

산비탈 오르막길을 들숨 날숨 숨 고르기 한다
인적 드문 이른 아침 어떤 덩치 큰 녀석이
제 식구를 데리고 나와 두고 간
선명한 구두 발자국이 유난히 커 보여 돌아보는데
산은 어머니처럼 한과 아픔을 품고 달래준다
저 멀리 순천만 갈대밭에서 부는 솔바람
우린 또 하나가 된다
가벼이 마음 가라앉히면 시계추처럼
뉘엿뉘엿 해 지는 소리 귓전을 맴돌고
한숨과 눈물 다 받아 마신 커다란 소나무 사이
벌겋게 달아오르는 석양, 붉게 고인 눈물

저 눈물
내 작은 손수건으로 닦아줄 수 있다면

와온 붉은 바다

와온 바다 서산에 사랑 하나 걸렸다
터져버릴 듯한 사랑

잔잔한 바다 위로
서러운 사랑 노래 띄워 보내면

갈매기 노랫말에 장단 맞춰
수다쟁이 밤게들이 마실을 나온다

해 저문 줄 모르고 노니는 외로운 고깃배
떠나는 밤 알려주는 쓸쓸한 돌섬

붉은 노을 곱게 물들어
타는 듯한 사랑이야기 못내 아쉽다

작은 배 띄운다

밤새 수리부엉이가 물어온 말들로
취락펴락하며 쓰고 또 써 봐도
물 주고 거름 주고 어여삐 가꾸어도
짓다 마는 새 옷처럼
내 시는 미완성

가랑비에 옷 젖고 태풍에 맞서며
갈대처럼 쓰러졌다 다시 일어나는
뜨거운 햇살 까맣게 그을리며
갈바람에 토실토실 영글어간다

미지의 세계를 향해 돛 달아
넓은 세상에 나를 내어놓으며
푸른 바다 끝없이 항해해 가는
작은 배 한 척

오늘,
밤바다의 작은 배

KF 마스크

구릿빛 하늘이 우리 입을 막는다
입을 가리면 더 훤한 세상
입을 가리면
더욱 또렷한 너의 음성

말 많아 탈 많은
흐릿한 안개를 눈처럼
뿌옇게 흩뿌린 세상
빛과 소금으로 살라고
촛불 켜는 밤 꾸리라며
눈물의 강에 다리를 놓는다

생명의 끄나풀마저
서로에게 손가락을 겨누고
진흙탕 속 비린 전쟁은
승자와 패자의 선을 긋는다

하늘은

지혜의 샘물을 다시 파게 해
사람의 길을 걷는 KF 마스크
오늘 우리 귀는 당나귀 귀

채석강 글 읽는 소리

변산 채석강이 글을 읽는다
챠르르 챠르르

은빛 파도 타고 오는 굴림소리에
갈매기도 자옥자옥 따라 읽는다

하얀 안개비 피어오르면
인생 책 하나 끼워 놓고픈
내 마음 갈매기가 벌써 알아버렸다

노을빛에 물든 세월이란 단어가
서걱서걱 느린 걸음으로
책장을 넘기면

은빛 머리 쓰다듬던 고운 윤슬
석양에 물드는 너와 나
황금빛 사랑을 그려 넣는다

발걸음 가볍게

상쾌한 아침 가벼운 발걸음으로
매일 만나는 얼굴도 새로운 얼굴도
요가, 헬스, 에어로빅으로 다진 근육의
거침없이 흘린 땀방울을 훌훌 털어내고
너 나 없이 거친 물세례를 받는다

뜨거운 온도 차가운 온도를 오가며
피곤한 심신을 달래고 잠재우고
사우나 찜질방 여인들의 입김 센
삶의 열기 뜨겁게 살아나는 그곳

추운 겨울 연탄가루 분칠한
다리 아픈 그녀도 지친 몸 이끌고 와
한바탕 배꼽을 잡는 웃음꽃이 피어난다

삶의 찌든 때 덜어내며 시작하는 하루
발걸음 가볍게

가벼운 십자가

기다림의 시간이 지나면
십자가는 가볍다

당신 홀로 담당하신 내 십자가
무겁게 짓누르던 어깨 위

벼랑 끝에 힘겨운 깨달음의 시간
내 십자가 고통의 무게

눈 어두워 보지 못했던 그때
알고 보면 가벼운 십자가

그분 홀로 담당하신 내 십자가
오늘, 당신 앞에 내려놓습니다

홀로 져야 하는 줄 알았던
비틀거리며 오르던 오르막길

당신이 함께 지고 가는 마음 내려놓은
내 십자가는 가볍습니다

가을에 쓰는 편지

솔바람과 함께라면 이 가을 외롭지 않겠네
귀뚜라미 소리와 함께라면 쓸쓸하지 않겠네
옷깃 여미게 하는 실바람 낙엽 지는 속삭임

아름드리나무들 보란 듯이 알몸을 드러내고
단풍 잎새 하나둘씩 물고 서 있는
깊어가는 가을 열매로 여울진 편지를 쓰네

물 한 방울 내어준 땅에 고마워하고
햇살 한 줌 내어준 하늘에 감사하는 마음
서늘한 바람이 향긋한 시 한 자락에 안부를 묻네

정갈한 가을 하늘이 내어준 토실토실한 알곡
겨울로 가는 문턱에 낙엽 지며 뒹구는 소리
따스한 햇살을 닮은 편지

여울진 알곡 귀뚜라미 울음소리 귀 기울이며
당신께 토실하게 익어가는 가을 편지를 쓰네

고들빼기김치

찬바람 무성한데
그의 생명력은 여러해살이 산삼같이
얼음 언 겨울 문턱까지 이르렀다

검고 푸릇한 작은 손
실한 몸값을 물고 나와
고춧가루는 더 붉은색을 칠하고
쪽파 한 손, 참깨 솔솔
씁씁 쌉쌉 알싸하게 고소한 맛
부실한 입맛 기운을 돋운다

추위에 지친 사람들
삶의 쓴맛을 아는 이에게
쓴맛의 단맛을 더하고
입안 봄기운 찾아 주는 고들빼기
매서운 찬바람 덜어내는 그대
겨울 뒤 봄맞이로
행복한 미소 한 움큼 머금는다

고요를 찾아서

주인의 손길 닿지 않는
너른 편백나무 숲
군중 속 외로움을 안고
비와 바람과 햇살이 주는 따스함으로
군락지를 이루었다

척박한 땅속 깊이 뿌리를 내리고
산새들과 벌나비 노래를 들으며
쓸쓸함과 외로움을 다독였다

땅속 깊은 곳으로 물길 찾아 헤매다가
어미의 젖줄을 찾고 바위를 뚫은 세월
살을 맞대고 바람과 맞서는 몸부림이
짙푸른 어울림이 무성하다

따스한 햇살을 만나고 서늘한 바람을 만나는
은은한 편백나무숲 향기 가슴 깊이 스며들어
기억 속 저 너머로 넓고 깊은 고요를 찾는다

공중목욕탕

삶의 무게가 느껴지는
중년의 이름표를 달면
삶은 구릿빛이다

아픈 상처가 남기고 간 흔적 하얗게
엷어지려는 1℃ 체온 뜨겁게 올리며
삶은 익어간다

뽀얀 수증기 사이 노곤하게 지친 영혼
세월의 땀방울 쏟아지는 물세례
삶을 씻는다

차가운 세상, 따뜻한 바람 불어와
1℃ 끌어 올릴 수 있다면
마음까지 씻어낼 수 있다면

그해 여름

그해 여름은 뜨겁다
시를 주어 엮는 그해 여름
35℃를 넘나드는 뙤약볕 하늘에
발 동동 구르며 낚싯대를 드리운다

톡톡 튀며 눈 감고 따라와
꼬리에 꼬리를 무는 언어들
그물망이 찢어질 듯한 대어다

언어의 순발력이 문을 열고 들어오고
더위를 몰고 가는 힘찬 매미 울음소리
비몽사몽 잠이 달아나고 눈이 커진다

생선 가시 하나 없는 가시
자갈돌을 물었다
언어는 어디에서 오는가?

| 제2부 |

꽃사슴

꽃비

밤새 내린 봄비
봄바람 이는 대로
꽃바람 일어나고

벚꽃 고운 자태
살포시 내려놓아
하늘하늘 흩날리는
환희의 꽃비

움푹 파인
요양원 주차장 고인 물
다음을 기약하며
옹기종기 내려앉아

그냥 떠나가기 아쉬운 듯
인생은 큰 사랑이라
꽃그림 수 놓고 있다.

긍정의 힘

살다보면 맑은 날과 흐린 날이 있고
네 바퀴 같은 인생길
잘 나가다가도 고장난 리어카처럼
삐걱대고 버거운 게 인생이지

아쉬워한들 후회한들 무슨 소용 있을까
비가 온 뒤에 땅은 젖고 굳게 다져지듯
아픔의 뒤안길엔 기쁨도 따라오는 거지

고난은 또 다른 축복의 지름길
다시 좋은 날 올 테니 기다리는 것이지

이건 나의 오래된 습관적 생각
긍정의 힘 믿고 사는 삶의 믿음

힘이 들고 어려운 고난 닥쳐오고
집채만 한 풍랑 일어나 앞을 가려도
끄떡없는 거지

우리에겐 내일의 희망 있고
함께하는 그대 있으니
긍정의 힘을 믿어요

기쁜 날

삼년 만에 너의 공연 보는 날
가슴이 두 방망이 치며 뛰었다
처음엔 긴장감이 맴돌던 무대가 갈수록
활력을 찾는 여유가 있어
몰입감 넘치는 무대를 볼 수 있었지

뜻깊은 보람 있는 시간
그렇게 설렘으로 다가오는 널 보며
은혜라는 단어가 떠올랐고
아픔을 딛고 일어난 보람을 알았지

당당하고 멋진 너의 모습
다시 볼 수 있는 기적 같은 시간을
감사하며 따뜻한 눈물 한 줌 훔쳤지

오늘밤은 너의 연기에 흠뻑 젖어 들고
되새김하는 잠 못 이루는 긴 밤 되겠지
더 많이 사랑하고 더욱더 많이

누구보다도 널 사랑하니까

멋진 무대를 선사해 주어
고마움을 이기지 못하는 기쁨
감격으로 다가선다

꽃사슴

가지처럼 위로 솟은
자존감 높이 세운 그의 뿔
여심을 자극하는 슬픈 듯 서글한 눈매
초록 잎새 머금고 두려움 없이 서 있다

푸른 물결처럼 잔잔한 흔들거림
고요를 담은 듯 초롱한 눈망울
자유롭게 거니는 아기를 품은 꽃사슴
연분홍 꽃향기 가슴 설렘으로 다가온다

산은 높아 오르라고 하고
강물은 내게 낮은 데로 흐르라고 하는데
초롱한 눈망울로 다가오는 꽃사슴
평온함을 가득 안고 다가선다

꿀비, 단비

꿀비, 꿀잠 불러오고
단비, 단잠 불러오네
온종일 소륵소륵 가루비
잠비에 눈꺼풀 내려앉네

꿀비, 단비, 여우비
농부의 가슴에 단비 내려
가루비 맞으며 꿀잠 자네

샤륵샤륵 꽃가루 날리며
반가운 소식 날아오는지
꿀비, 단비 애타는 기다림을
사랑하는 그대는 아시나요

꿈꾸는 집

우후죽순
고가사다리를 탄다
하늘 높이 치솟는 아파트
크기와 통장의 부피를
도무지 알 수 없지만
눈도 자꾸 따라 올라가고 있다

남향을 잃어버린 집들
돈의 무게로 계산된
고무풍선을 타고 올라간 아파트
내려올 줄 모르는 위태로운 고공사다리
올려다보는 긴 사슴목이
금방 부러질 듯 휘청댄다

강가의 작은집에선 맑은 물 웃음소리 나고
산모퉁이 언덕배기 통나무집에는
풀피리 바람소리 새소리 노래하는데
하늘 높이 떠도는 구름 한 조각

그곳에서 방랑자로
더이상 쉴 곳 찾아 헤매지 않는
나지막이 빛바랜
조그만 아파트의 꿈을 꾼다

꿈꾸게 하는 이

나를 꿈꾸게 하는 이

나를 꿈꾸게 하는 너

꿈을 먹고 살게 한 그대

나를 꿈꾸게 하고 싶은 사람

누군가에게 꿈을 먹고 사는

사람이고픈 그런 사람

오늘, 난 그런 꿈을 꾼다

꿈에 그리는 집

정원이 넓은 집 조그만 텃밭
땅 위로 발을 딛고 다닐 수 있는 곳

평수가 그다지 넓지 않아도
피아노 치며 시 한 자락 읊조리고

시에 곡을 엮어 노래하며 하늘을 날아오르며
푸른 잔디 위에 구름 앉는 의자가 있으면 좋겠네

하늘 달 별 보며
도란도란 얘기소리 들려오는 고향 같은 집

끝까지 사랑, 품게 하소서

남의 잘못을 몇 번까지 용서해야 합니까
제자들의 물음에

일흔 번에 일곱 번씩이라도
용서하라 하신 예수님

끝까지 용서하며 화해하길 원하신 주님
행여 제가 알지 못한 것도 용서하소서

미움이 변하여 사랑이 되게 하시고
슬픔이 변하여 기쁨이 되게 하소서

주홍빛 같은 붉은 죄 기억도 하지 않으시고
다 씻어주신 큰 사랑

그 사랑 힘입어 끝까지 용서하며 살게 하소서
끝까지 사랑하고 위로하게 하소서

〉

잘못을 알 때까지가 아닌
끝까지 사랑, 품게 하소서

나팔꽃

당신을 향한 그리움 짙어질수록
나팔꽃은 송송이 피어납니다

당신을 향한 기다림이 짙어질수록
나팔꽃은 하늘하늘 날아오릅니다

하늘에 기댄 기다림이 길어지는 동안
그리움은 수줍은 듯 수를 더하고

안간힘으로 버텨내는 한여름 밤
나팔꽃 이야기를 길게 엮어갑니다

당신의 긴 하루만큼
우리들 긴 그림자로 걷는 인생길

남쪽 바다 끝에서

남쪽 바다 끝으로 장병들을 만나러 가는 날
어머니들은 치킨, 피자, 초코파이를 싣고
아들 보러 가는 설레는 마음도 따라 나선다
추운 겨울 따사로운 햇살 차창 너머로 마중 나온 듯
푸른 바다 물빛 윤슬 반짝임은 얼었던 분주한 마음
눈 녹듯 사라지게 하고 잠시 일상을 내려놓는다
한겨울 매서운 찬바람 아랑곳없는 나라 지킴이들
늠름함과 씩씩한 힘찬 구령 눈시울 뜨겁게 한다
추위를 무색케 한 구릿빛 얼굴 짧은 반바지
놀란 추위가 성큼 한 걸음 물러난다
나라님은 역사를 혁신한다고 하고 백성들은 요란한데
미동도 않고 따뜻한 가슴 조국을 지키는 나라 지킴이들
애국으로 나라를 지키며 우정을 지켜나가겠다는 다짐
굳은 약속 초롱초롱한 눈망울 열망 뜨겁다
찬바람 불어대는 한겨울 추운 줄 모르던
장병들의 모습, 아들 둔 어미의 마음 눈시울 뜨겁다
전쟁도 없고 군대도 없는 그런 나라가
속히 오기를 기도하며 손을 모은다

눈으로 하는 말

내가 나를 모르는 걸
길가의 단풍잎은 다 내려다보고 알고 있었지
무심히 걷는 내게 더는 아프면 안 된다며
영문 모르는 큰소리를 쳤지
눈물 보이고 한숨 지어 아파하며 손사래를 쳤지

그해 가을 유난히 더 아파한 그대들
지금은 천국을 노래하네
천천히 건강한 삶의 웃음을 보내며
내려놓기를 위한 너의 그늘에 힘입어
혹여 지금도 아파하지 않을까
진지한 눈빛으로 보고 또 바라보네

나의 아픔을 모르는 사이
너의 아픔처럼 살펴 준
그대들은 나의 길동무 가을의 편지

그렇게 가까이 있어 바라만 보아도 알 수 있는

간절함으로 보는 눈빛 맞춰 온 울타리
난 또다시 유심히 너를 본다
맑은 눈으로 하는 말과
따스한 손으로 하는 말이 함께

너 있음에

너로 인해 오는 기쁨
너로 인해 오는 감사
너로 인해 오는 행복

너를 지으신 이에게 감사하고
너를 보내신 이에게 고마워하며
너를 인도하신 그분께 기쁜 노랠 부른다

너로 인한 기쁨을 이기지 못하고
너로 인한 고마움 이기지 못하며
너로 인한 행복한 웃음 다 표현 못해도

너를 보내신 이에게
너를 지으신 이에게
너를 인도해 내신 그분께
사랑과 기쁨의
천 년의 사랑 노래 드린다

늦은 봄 텃밭 식구들

늦은 봄 텃밭 식구들
밑거름 없이 작은 터에 심어 두었다
가뭄에 타버린 어린 모종 있어도
뜨거운 햇볕 아래서 튼실하게 자라준 녀석들
오이, 참외, 가지
바쁘다며 무더위 속에 내팽개쳐 놓고
땡볕 쬐는 텃밭에 들어가 보지 못했다

아랑곳없이 풀과 함께 자라 보란 듯
실한 열매를 내미는 보물 같은 녀석들
밤 서리하듯 다 늦은 저녁 손전등 하나 들고
가만가만 들여다본 텃밭
햇살 한 줌 바람 한 줌 가랑비에 옷이 젖듯
저만큼 키워 놓았다
성실한 아들 보듯 양손 가득한 기쁨과
웃음보따리를 안겨 준다

거짓 없는 땅이 주는 수확이다

단비

단잠 불러오는 단비
하늘이 주는 쉼을 얻고

농부님 허리 한 번 펴보는
눈꺼풀 무겁게 내려앉는 날

농부의 가슴까지 적셔
잠비 맞으며
꿀잠 자는 꿈꾸는 날이지

꽃가루 흩날리듯 단비 소식 하나
애타게 기다리는 마음

강물처럼 은혜의 강 넘쳐흐르는 날

당신의 눈물

주님 오늘 나는 죽었습니다
주님 앞에 엎드리고 십자가 위 조롱과 핍박
대못 찔려 피 흘리며 갈기갈기 찍혔습니다

다음은 무엇이 준비 되었는지
다음은 무엇이 펼쳐지려는지
알 수 없는 일이지만

난 오늘 당신의 십자가를 보았습니다
순결하고 고귀한
당신의 눈물을 보았습니다

내가 울고 내가 죽는 십자가의 사랑
주님 앞에 눈물의 강을 건너고 넘습니다

더 작은 소리

가랑비 이슬비 보슬비 소리

작은 물방울 물안개 아침 이슬
눈물 송송 맺힌 땀방울 소리

하늘 강아지 땅강아지 개미 발자국 소리
어느 여인의 옷 벗는 소리

강아지 개풀 뜯어 먹는 소리
강아지 하품하는 소리

새색시 눈물 훔치는 소리 처마 밑에 고드름

실바람 뜬구름 빛의 소리 하얗다

숨죽여 들려오는 더 작은 소리들

점점 더 크게 들려오지 않나요

뚝배기

좋은 일 궂은 일 마다하지 않고
아침부터 저녁까지
솔선수범하는 두꺼비 손

가다가 넘어져 깨어질지라도
오직 한 길
앞만 보고 걸어가는 뚝배기

세월은 빠르게 지나고
세상은 쉬 변해도 뚝심으로
그대, 뚝배기의 길을 걷는다

하늘이 주는 선물

하늘 볼 겨를 없이 땅만 보며 살아온 인생
어느 날 맑은 하늘 흰 구름 눈앞에 펼치듯
가까이 다가와 매미들의 세레나데를 듣는다

해맑은 아침 푸른 하늘 열리면 구름 한 조각
아침소리 귀 기울여 청각 시각의 날을 세운다

무릉도원처럼 짙푸른 숲속 공원 벤치에는
형이상학적인 매미들의 사랑이야기
목소리 가다듬고 맴맴맴 사랑 노래 실어 나르면
뜨거운 열기는 한 걸음 더 뒤로 물러난다

시원한 빗줄기 한 줄 애타게 기다리며
아름드리나무들 눈이 시리도록 찬란한
오뉴월 뙤약볕 푸른 녹음 평온한 삶 불러
안겨준 그늘이 되어 준 그대

내가 심지 않은 꿀 같은 과실을 먹고

내가 짓지 않은 시원한 작은 집에서 쉼을 얻고
뜨거운 여름날 하늘이 안겨주는 평안
하늘이 주는 무상의 선물이다

망각

무언가를 잃어버린다는 건 참 슬픈 일이지
하지만 우린 잃어버리길 잘 하는 사람

누군가를 떠나보낸다는 건 참 쓸쓸한 일이지
하지만 우린 돌아서면 잃어버리는 건망증

우울함과 슬픈 상처를 안겨준 사람에게도
손을 쉽게 내어주는 용기 있는 사람

그런 우린 쿨한 사람, 멋진 인생이지
우리네 인생 그렇게 영원하지 않지만

언제 까지나 맺혀 있으면 안 되는 것
따뜻한 손을 한 번 내밀고 곁을 돌아보자

세상은 또다시 따뜻하게 환해지고
하늘은 다시 밝은 빛으로 다가설 테니까

| 제3부 |

붓꽃

물방울

또르륵 물방울 굴러 하나가 되고
칼날처럼 기다란 물방울
처마 밑 마당에 작은 샘을 만든다

구름, 비, 바람, 하늘
물방울을 모아 몰아오고
안개비 속에 그려진 유년
소나기에 지워진 사진은 다시,
아이를 부르는
어머니의 음성으로 다져진 채
문지방에 고양이 방울을 달았다

먼 산 구름 몰고 다니는 바람 소리에도
계절을 읽어가던 어머니는 물방울 셈으로,
오늘도 집 떠난 아이들의 안부를 묻는다

밀알

당신이 원하시면 미움도 사랑으로
차가운 얼음도 녹일 수 있게
당신이 원하시면 제가 죽겠습니다

제가 죽어야 산다면 돌이 되고
한 줌 흙이 되고
물이 되어 흐르겠습니다

한 알의 밀알처럼 썩어 움트며
큰 둥지를 이루겠습니다
밀알처럼 죽어야 산다기에

봄이 오는 소리

봄은 밤새 새로운 악기를 낳는다
하얀 턱시도를 갈아입고
기다림에 보답하는 고운 입술

언 땅 샤르르 녹이며
나뭇가지 사이로 시작되는 봄
나팔 불며 하얀 면사포를 썼다

연둣빛 봄소식 물고 오는 파랑새
귀여운 고양이방울을 목에 달고
먼 남쪽 나라로부터 달려온다

종다리가 부르는 노랫말
눈부신 고향 산천 봄의 들녘
낭만의 판타지를 듣는다

벽과 말하기

연지 회색, 설백색, 유백색
오렌지, 파스텔, 그린 화이트
고운 빛깔의 언어들
색다른 경험으로 다가선다

저고리 치마 십자수 엷은 수묵화
색연필로 사랑 엽서 그려 놓아
고요 속으로 날아오르면
빛과 어둠 사이에서 묻고 묻는다

해맑은 아침 짙은 바다의 생명
어스름하고 칙칙한 빛 감도는 저녁
침묵의 숲을 지나 현재와 미래 사이로
시샘하며 분열 일으켜
혼돈의 세계로 몰아가는 빛깔들
구겨진 너의 얼굴
새벽을 지나 아침을 맞는다

>

부드러운 햇살 상앗빛 나는 아침
낯설지 않은 익숙함 친절한 짙은 회색
취람색* 하늘빛 담아 나르고

초원의 로즈마리 능금빛으로 오는 사랑
평온한 너의 빛깔을 찾는다
고민의 장벽 뛰어넘는 오랜 눈 맞춤
일상이 특별해지는 날
하늘빛 닮은 취람빛 감돈다

* 먼 산의 어스름하게 맑은 청색.

봄 따는 아낙네들

양지바른 언덕길 봄 따는 아낙네들
옆구리에 바구니 끼고 봄을 따 담는다
냉이, 쑥부쟁이, 쑥
소박한 꿈을 한 아름씩 담는다

서산 해 지는 줄도 모르고
봄을 따 담는 손길 바구니 그득 채우면
긴 겨울 매서운 바람 저만치 물러선다

반가운 노래로 봄소식 나르는 산까치들
온 산 메아리쳐 울려 퍼지면
봄을 따는 아낙네들 바구니 한나절 만에
봄꿈으로 그득하다

불타는 저녁노을

내 사랑이 아무리 붉다 해도
저 타는 노을만큼 붉을까

내 사랑이 아무리 깊다 해도
저 바다 깊이만큼 깊을까

내 사랑이 아무리 곱다 해도
저 하늘 노을빛처럼 고울까

사랑도 그렇게 타고 있을까
해, 달, 바람, 노을처럼

애태우는 처녀 가슴 마냥
붉게 물든 노을빛 바닷가

와온 바다 붉게 타는 노을빛
젖어드는 가슴 실어 나른다

붓꽃

여우비 지나간 자리에
말간 무지개 뜨는 하늘 아래 첫 동네
하늘 담은 호수 후두둑 빗방울 소리로
잠자던 금붕어 꼬리치며 잔물결을 일으킨다

이때를 놓치랴 목소리 가다듬는 산까치
말간 하늘에 뭉게구름 한 조각 노닐 때
긴 붓을 들고 일어난 보랏빛 난초
호수 안에 수채화를 한 폭 그렸다

계곡 물줄기 타고 오는 새소리 바람소리
한적한 나무들 잔잔한 수면 위로 떠오르고
구름도 잠시 쉬어가는 호수 안 하늘빛
파란 그리움으로 먼 친구들의 옷깃을 당긴다

그대 사랑옵다*

비처럼 바람처럼 범람한 강물처럼
때론 깊은 바다처럼 다가오는 그대
숨결 사랑옵다

쓴잔으로 고배를 마시던 눈물
찬물 끼얹던 사랑 내게로 다가와
손 내미는 그대 사랑옵다

천천히 느린 걸음으로 갈바람처럼
주춤거리며 서성이다 살며시 다가오는
그대 사랑옵다

* 생김새나 행동이 사랑을 느낄 정도로 귀엽다. 황희경 시인의 시 「사랑옵다」 인용.

사월의 신부

내 속은 까맣게 타들어 가는데
그대 속은 하얀 쌀밥으로 그득하다

밤새도록 토드락 토드락 꽃눈 트는
하얀 속살 너의 뽀얀 아기 얼굴

하얀 얼굴 오래 머물러 보고나면
까맣게 탄 내 속 온통 뽀얗게 물든다

찬 서리 맞으며 묵묵히 걸어온 뒤안길
하얀 이를 드러내고 활짝 웃는 그대

하얀 꽃향기 꽃눈, 가슴 설렘으로 다가와
사월의 신부처럼 뭉게구름 위를 걷는다

산이 좋아 산에서

아카시아 향기 짙은 오월이 오면
꽃향기에 취하고 비틀대는 산 고갯길
무언의 대화 호흡기 따라 깊은 심호흡 한다

사철 따라 바람의 온도 다른 거친 숨 고르기
하늘이 내어주신 어머니의 품속 같은 산아
헝클어진 머릿속 하나둘 씻겨 주는 너
짙푸른 청록 그윽한 풀향기

살며시 몸을 기대면 가벼워지는 마음
온몸으로 안겨 강렬히 다가오는 너의 푸른 마음
산이 좋아 산에서 그대와 오롯이 살고 파라

생명의 터전

코끝 샤르르 묻어나는 바다 내음
뽀얀 속살 드러내 바다로 잇는 강물 줄기
동천의 맑은 물줄기
햇살 받아 눈부시게 빛나는 흰나비
파티복을 입고 나와 서로의 자태를 뽐내는 철새들
평화로운 목소리 들려온다

사각사각 갈대들의 다정한 속삭임 귀를 간지럽히고
떼 지어 날아오르는 기러기 물오리 떼
맑은 강물에 붉은 노을빛 물들면
하나로 어우러지는 갈대밭 정겨운 흑두루미
고니, 도요새들의 군무

바다물결 따라 드러내는 갯벌 바람길 물길
엄마의 품속처럼 따뜻한 철새들의 보금자리
사그락사그락 갈대들의 소리 들으며
하나가 되어 가는 곳

용서와 화해의 더 연안습지, 오늘

순천만에는 생명이 흐른다

세레나데

"꿈꾸는 U"에서 '세레나데' 영화 속 주인공으로
바이올린 연주하는 너의 모습을 본다
초등 때 배워둔 실력으로
배역이 썩 잘 어울리는 너

벌써 대학을 마치고 예술인으로 신부가 된
눈에 넣어도 아프지 않을 사랑스런 예쁜 딸
성숙한 말솜씨로 제법 어른스레 다정한
친구 같은 너

케이블 방송 "꿈꾸는 U"에
단편 영화 '세레나데'를 소개하고
배우 인터뷰를 한다니 밤샘 설치며 흥분했지
친척들까지도 반가움에 들썩이게 하는 너

그래, 꿈꾸는 너라면 더욱 꿈꾸는 꿈쟁이가 되고
푸른 하늘에 푸르른 날개를 달아
더 높이 멀리 비상하길 기도한다

아름다움, 더 아름다운

오월의 장미 바람결 따라
짙은 향기로 매혹한다

지나가는 나그네 누군가의 손 닿고
가시 돋친 장미 피 흘린다

둥지에 모난 가시처럼
나를 지키기 위한 사나운 몸부림으로

'난 가시 돋친 장미' 예고하는
아름다움, 더 아름다운 그녀

솔가리* 오솔길을 걷다

복잡한 도심 속
한적한 길 내어주는 비탈길
일상을 벗어나고픈 유혹 밀려오면
가벼운 발걸음 서서히 일어선다

아파트 주변 산자락 홀로 오르며
복잡한 아스파트 길을 벗어나
솔가리 비단길을 따라 걷노라면
이내 찾아드는 평온함 깃든다

시원한 바람 내어주는 좁다란 솔가리오솔길
정적 깨뜨리며 노래하는 산새들
오래된 아름드리 소나무 숲길 잔솔가지 솔방울
솔향기 짙은 고요 속을 걷는다

* 말라서 땅에 떨어져 쌓인 솔잎.

아낌없는 사랑

잎을 보면 뿌리를 안다지
여린 잎새 그 얼굴 가릴 수 없어
하루하루 다른 사계를 들여다본다

파릇한 새싹 봄소식 실어 나르고
한여름 그늘 짙푸른 녹음 푸르게
매미소리 짖게 울다 떠난 빈자리
그도 안다 떠날 때가 되었다는 것을

수분이 다 마르도록 뙤약볕을 견뎌내고
자신의 몸을 불태워 재가 되는 사명처럼
한 줌 흙으로 모든 것 다 내어주는
아낌없는 사랑으로

숨표*

숨 쉴 수 있는 공간 찾아
구급차는 재빠르게 달렸다

하얗게 차오르는 숨결
촉각 다투는 분투
하늘로 잇는 사닥다리

녹록지 않은 삶
잦은 아픔이 불러온 침전물
몸이 중한 줄 모르고 살았다

눈물이 빗물처럼 흘러내려도
울 수 없는 만삭 같은 고통

수술대 위 분침 초침 다툼
사투 벌이며 위험한 고개 줄사닥다리를
타고 오는 순간과 찰라

〉

'천 번에 한 번 있음직한 기적이다'
세미한 음성 귀전 맴돌고 아문 상처

덧없이 흐르는 세월 십 년
기도 손 놓지 않았다
무딘 마음 숨표, 거친 심호흡

스스로 사랑하기
나 아닌 나를 사랑하는 나
나를 찾아 떠나는 여행
십 년 혹 이십 년 멀리 바라본다
기적 같은 순간들 다시 온다

* 악보에서, 쉼표가 없는 곳에서 숨을 쉴 것을 지시하는 기호.

쉼이 있는 곳

햇살 부서지는 한낮
한가로이 동천 방가로에 앉으면
수풀 속 풀벌레들
작은 음악회가 시작된다
도올도올 거문고 타며 맴도는
시냇물 연주는 지루하지 않다

실바람 불어와
두 볼 가만히 어루만져
벚나무 잎은 선율 따라 서서히 일어나
제 몸 부대끼며 간결한 리듬을 탄다

어린 꽃사슴 살며시 다가와
초롱한 눈망울로 리듬 따라 걷고 뛰며
듬성듬성 쉼표 하나 물고 간다

콘트라베이스처럼
삶이 무겁게 짓눌릴 때

동천 방가로 찾아 무거운 발
징검다리 건너 시냇물에 담그고

하얀 양떼구름 떼 위에
점 하나 찍고 가라고
귓속말을 바람이 전한다

아버지 가시던 길목

구절초가 은은한 향기를 가져올 적이면
논두렁에 단감나무를 심어
하얀 설탕가루 뿌린 단감을 내게 내미시고
흙을 벗 삼아 노래하시던 그분

마지막 길 가시던 그곳에는
세 번째 진홍 백일홍 꽃잎이
망울망울 저민 흔적을 고이 담아
가벼이 보듬어 쓰다듬고 있다

그해 긴 여름
병마와 줄다리기를 하며 씨름하다
가는 길을 재촉하시더니
눈가의 주름이 애잔하게 여려지시고
나지막이 부르시던 막내 이름마저
가벼이 내려놓으시고
어머니 곁으로 쉬 떠나가셨다

쌀 한 톨도 귀히 여기시고
나눠주기 좋아하시던 그분은
거친 들녘을 지나 서늘한 바람을 따라서
먹물 같은 진홍빛 백일홍 양탄자를 밟으며
홀로 쓸쓸히 님의 곁으로 가셨나보다

아버지의 마음

육남매 자식 낳아 기르시고
혼인한 자식이 자식을 낳아
혼인할 만큼 오랜 시간 지났는데
아버지는 늘 마음에 빚진 마음
아쉬움을 토로하시네

'더 많이 가르쳤으면
높은 고관집 같은 곳에서 편히 살았을 텐데'
아흔셋이 되신 아버지 다 내어주어도
더 주고 싶은 마음
끝까지 자식 사랑 눈물 흘리시네

자식 잘되기를 비는 마음 부모 마음
한 가지 아직 남아 자식밖에 모르고
키우고 입히고 뒷바라지 하셨는데
그래도 자식 힘들게 사는 게 자신의 탓인 냥
괴로움을 토로하시네

사랑은 내리사랑 넘치는 사랑 이제야
알게 되고 그 크신 사랑 받음
더 나은 삶을 약속하네

아버지

아흔셋에 아이가 되신 아버지
이것이 뭐냐 저것은 무어냐
묻고 또 물으시네

그래도 부모 마음,
무얼 먹고 사는가 어디에 사는가
잠은 왜 안 자고 가는가
묻고 묻고 또 물으시네

자식밖에 모르시던
호랑이 徐샌은 어디로 가고
이제는 먹을 것 샘 부리고
아이처럼 징징대며 자꾸만 달라시네

새로 사간 작은 신발
구둣솔로 꾹꾹 펴 신으시고
괜찮아 괜찮아 하회탈 같이
웃음 짓던 아버지

| 제4부 |

청보리밭

예쁜 가시들

산등성 땡감나무가시 찔레나무가시
밤나무 밑 밤송이가시 길가에 청가시

향기로운 유자나무가시
헝클어진 탱자나무가시
비린내 물고 오는 생선가시

세상에서 가장 예쁜 담장넝쿨장미가시
냇가의 버들가시 부드러운 능수버들

항아리 옆 화단 백일홍 가시
손끝 밑에 찔린 실가시

가장 아픈 사람가시 말의 가시

수많은 가시는 있어도
아름다운 가시는 따로 있다
가장 잘 지은 시가 가시佳詩라 아름답다

억새들 다리를 놓았다

인적 드문 편백나무 숲길
그녀를 향해 손길 닿으면 억새들
다리를 놓아 푸른 양탄자를 깔아 놓았다

오솔길 여는 개여울 물소리
그윽한 꽃향기 실어 나르는 솔바람
달맞이꽃과 구절초의 사랑 이야기

어느 것 하나도 시샘하지 않는
감미로운 조화를 수놓았다

그대 손길 닿으면 각시님 두 볼 붉어지고
어화둥둥 내 사랑 함박 웃음꽃 핀다

편백나무 흐드러진 비단길로 들어서면
풀밭 언덕 사잇길로 포근히 깔아놓은 비단길
살포시 드러내는 그대 얼굴

눈시울 뜨거운 금선산은
저녁노을에 붉게 무르익는 사랑
한 쌍의 원앙을 맞는다

옷자락을 만집니다

주님의 옷자락을 만집니다
내 삶의 무게가 어깨 위로 무겁게
짓눌렸던 그 멍에 떨쳐버리고
상처로 얼룩진 내 몸 살리신 주님

주님 앞에 다시 살아갈 수 있게
당신으로 인해 치유되고
당신으로 인해 자유하게
슬픔과 미움 사라져 기쁨 되고
우리 서로 사랑하며 살아가게 하신

마지막 남은 고통의 숨소리마저
십자가 아래 떨쳐 내어 버리고
교만한 맘 겸손히
성실한 맘 진실하게
정직한 영으로 주를 바라보게 하소서

열두 해를 앓고 기다리던 어느 여인처럼

힘없는 손 내밀어 주의 옷자락을 붙듭니다

내 눈 바라보시고
주의 손으로 내 손 잡아주소서
제가 지금 주님의 옷자락을 만집니다
제가 지금 주님의 옷자락을 붙듭니다

잡초

발밑에 잡초
무심코 지나간 자리
외로운 모퉁이길에 피어난 잡초

밤 같은 어둠이 가리고
진흙 같은 세상에 묻혔던 잡초

빠르게 변하고 달라지는 세상
오랜 세월이 흐르고
돋보기안경을 쓰고
형광레이더 불빛을 밝히고나서야
잡초 아닌 산삼으로 때론, 약초로
어두운 눈에 들어온 거지

심봤다!
심마니의 외침 빛을 본다
눈에 보이는 게 다가 아닌 세상을 본다

지난날

괴로움이 되풀이되는 아픔으로
눈물 흘리며 외로운 오솔길 따라
홀로 걷던 때가 있었습니다

슬픔만 한탄한 채
그렇게 무심히 한세월 흘러갔습니다

수돗물처럼 하염없는 눈물
내가 되어 흐르고
속절없이 그렇게 세월만 흘려보냈습니다

오랜 기다림의 시간 지나고
고통의 순간들 다시 깨어나
기쁨을 안고 달려옵니다

슬픔이 별이 되는 희망의 날개를 달고
사랑과 감사의 줄을 타고 날아오릅니다

지금, 고독한 그대에게

고독한가, 그대
그러나 지금은 고독할 때
외로움을 친구 삼고
홀로서기에 익숙한 시간 지나면
고독이 주는 평온함 깃든다
홀로 있는 시간에 고독을 찾고
가난하고 핍접한 시야 벗어나면
호두껍질처럼 단단한 맑은 영혼
고독을 안고 내면을 들여다본다

잠시 친구와 멀어져도
지금은 자신과 외로움을 타는 시간
비움의 시간 지나면
푸른 소나무처럼 바람결 닿고
매화꽃 한 송이,
자신을 다독이지 않고 피는 꽃이 없다
외로움은 또다시 고독 속에
은빛 나래를 펴고

퀘렌시아*를 찾는다

* 자아 회복의 장소를 찾아서.(새는 날아가면서 뒤돌아보지 않는다) 류시화 수필 중 인용.

착각

부귀영화 영원할 줄 알고
사람들은 착각 속에 산다
푸르른 청춘 영원할 줄 알고
사람들은 착각 속에 산다
젊음은 잠깐이요 안개 같은 인생 잠깐인 걸
사람들은 착각 속에 잃고 산다
고래 심줄처럼 질긴 생명이래도 한순간인 걸
사람들은 착각 속에 잃고 산다
한 치 앞을 모르는 게 인생인 걸 남의 일인 양
사람들은 착각 속에 산다
삶이 천년만년 영원할 줄 알고
사람들은 착각 속에 산다

한 번 곁을 돌아봐
따뜻한 손 내밀어봐
세상이 당신으로 더욱 환히 밝아올 테니

사람들은 잠시 잃고 모르는지 착각 속에 산다

텃밭의 불청객

감나무 옆 하우스 사이로
조그만 텃밭을 만들고
토마토, 가지, 상추
어느 집에서 이사 온 신선초랑
텃밭 식구를 일구며
봄볕 그을리며 김매기를 한다

텃세 부리듯
쏘옥쏘옥 잘도 되살아나는
잡초 근성 다분한 똥딴지 녀석
계속해서 뿌리째 뽑다간
심어둔 식구들까지 다치겠기에
손으로 싹만 뽑고 잘라내는데

오뉴월 뙤약볕, 단비 맞으며
좁은 집에서 한 식구로 살겠노라고
여전히 불청객 되어
힘겨운 줄다리기를 한다

청보리밭

온 세상 하얗게
흰 눈 덮인 들녘 초록이 움튼다
눈발 속 언 땅 헤치며 강추위 속에
파릇한 얼굴 내밀었다

스멀스멀 눈 덮인 보리밭으로
농부는 아이들을 불러 모았다
밟으면 밟을수록 푸름을 더해
견디며 버티고 더 강한
푸름으로 일어나는 보리밭

살을 외우는 아픔으로
고통을 해산하는 사월
눈이 시리도록 푸름을 불러와
초록으로 넘실대는
청보리밭으로 가자

그래, 봄이다 일어나자

일렁이는 젊음의 푸른 꿈을 안고
푸른 파도처럼 초록 물결 위로
다시 일어나자 함께 걸어보자

파도야 부서져라

잔잔한 물비늘 일으키는 파도야 부서져라
거세게 일어나는 거친 파도야
가슴의 응어리 남김없이 산산이 부서져라

넓은 바다를 향해하고
깊은 바다속 소용돌이치며
사자처럼 흉용한 파도야 심장까지 씻겨나도록
큰 바위에 부딪쳐 깨어지고

거세게 부는 바람을 삼키듯 대항하며
흔적도 없이 사라지는 파도야
깨끗이 부서져라 산산이 하얀 물보라가 되어
잔잔한 물이 되라

고요히 흐르는 넓은 바다로 향해하며
깨어지고 부서져 맑은 물이 되어 흐르라

팽목항

잠잠하고 고요한 아침 팽목항에
가릴 수 없는 눈물 두 얼굴의 세월호
자비와 사랑을 빼앗아간 눈먼 어른들
해맑은 웃음과 꽃들의 푸른 꿈이 진다
신혼의 단꿈을 접고
신입교사의 한 맺힌 연가 들려오는 그곳
교정으로 함께 가자며 되돌아간 뜨거운 열망
나비 되어 나르고 요동치는 바다
외면당한 진통 신음하는 바다는 넋을 삼킨다
한 가닥 희망도 끝내 져버린 눈물
아, 비통과 탄식으로 얼룩진 팽목항
슬픔으로 얼룩진 망막한 바다
대답 없는 메아리

용서하소서 보상할 수 없는 꿈을
잘못했다 미안하다 이 땅의 어른 됨 부끄럼
애타는 심령 간절한 기도 손 함께 모은다

평온한 삶을 위해

마음 한구석
호시탐탐 노리는 괴물 있어
언제든 폭발할 수 있는 기세
조용히 있다가 어떤 시점이 되면
소리 없이 다가와 물어댈 기운 센

누구나 괴물을 잠재우기 위한
자신과의 싸움과 노력은 필요한 거지
괴물이 활개 치며 다니지 못하도록
꽉꽉 묶어둬야 되지
평온한 삶을 원한다면

성난 파도 부서지고
물처럼 잠잠히 흐르도록

하늘이 내려준 휴가

유리알처럼 투명하게
낯선 이를 멀리하고
가까울수록 더 멀리하고
다람쥐 쳇바퀴를 돌리며
선명한 유리 바다를 걷는다

혼자만의 공간에서 자꾸만
내려가고 내려가려는 체온
제자리로 끌어 올리려
땀나게 힘들게 움직여도
발아랜 냉랭한 강물이 흐른다

계획 없던 휴가
어느덧 남극의
질푸른 바닷길을 달리고 있다

하얀 알약

계절이 바뀔 때마다
어두운 숲속을 지난다
시간표 따라 초침에 발맞춰
홀로 걷는 길
가슴속에 두 방망이 친다

찬바람 찾아들고
사계의 풍금소리 나면
단맛을 아는지, 둔탁한 목소리
기침이 줄다리기를 친다

가쁜 숨으로 떠밀려
야간 응급실을 찾고
병원 문턱 밟는 숫자만큼
하얀 알약이 가방을 가득 채운다

병원 창가 서성이는
삶을 헤아리는 무수한 눈빛들

알약을 버리고 훌훌 털고 일어나기를
병원 문 나설 때마다
모은 두 손 힘을 넣는다

하얀 조약돌

심장이 하얗게 타버린 너인지도 몰라
벼랑 끝 안간힘으로 버티며 서 있는 너는
하얗게 질려있는지도 몰라

해가 주는 말과 바람이 주는 말
태풍이 주는 말들은 또
밤엔 달과 별들이 주는 말들
깨어지고 부서져 심장 불타버린 너인지 몰라

바다 끝 풍랑이 길을 막으면 다리를 놓아
죽음 앞에서도 놓지 않던 강한 손
따뜻한 사랑의 줄다리기

오랜 세월 애태우며 제 살 깎아
영혼까지 하얗게 불태운 그리운 사랑
하얀 조약돌이 새겨 놓았다

할머니의 손

도서관 뒤편 시둘러 지나가는 길목
빨갛게 익어가는 열매를 달고 서
뭉게구름 하늘 위로 하얀 그리움 피어오른다

조곤조곤 옛이야기 들려주시던
부드러운 할머니의 목소리
시래기멸치된장국 쑥부쟁이 나물반찬
미나리 무침 달래간장으로 꿈을 먹는 밥상

작은 소주병 아주까리 동백기름
긴 머리에 참빗으로 쪽 찐 머리 손때 묻은 은비녀
타임머신 타고 오는 익숙한 향기

가만가만 두드리는 차분한 손길
"귀한 내 새끼 이쁘다"
고인 눈물 왈칵 쏟아진다

행복의 리듬 타기

세상엔 어느 것 하나
아픔 없이 맺는 열매 없고
해산의 고통 없이 태어난 생명도 없다

아픔을 통한
성숙의 옷 갈아입으면
허물을 벗는 것처럼 다른 세계가 열리고

또 다른 미지의 세계로 나를 인도하지
고통 속에 익어가는 인생처럼

세월이 흘러 나이를 먹고
부모 마음 알아 갈 때쯤이면
떠나고 없는 빈자리 삶의 비밀을 알아간다

무더위 속 석류는 값진 열매를 맺듯
고난은 또 다른 시작
행복한 웃음으로 리듬타기를 한다

화포 가는 길

순천만 끼고 돌아 한눈에 들어오는 화포 가는 길
붉게 물든 칠면초의 꽃무릇 뜨겁게 달아오른다

바닷가 짠 내음 그리움 실어오는 갈바람
감미롭게 하늘로 이어지는 수평선
멀리 푸른 바닷가를 바라본다

가는 길을 멈추어 세우는 썰물 쓸려간 회색 갯벌
넓게 펼쳐진 생명의 터 생명을 이어준
질퍽한 어머니의 다리 사이로 칠게, 밤게
짱뚱어는 어미의 젖줄을 찾고
흰두루미 떼 지어 날아와 앉는 생명의 바다 갯벌

물 썰매를 타고 온몸 머드팩을 칠한 사람들
검게 그을린 얼굴엔 윤기 흐르고
갈대밭 소식 전해주는 갈매기의 속삭임
돌아서는 발길 붙잡는 칠면초의 향기 묻어나는
생명의 갯벌 화포 가슴으로 안는다

힘들 때 기도의 손길들

수술대 위 분투가 끝나고 빠져나간 힘
허울만 남아 가볍고

부자 나사로처럼 물 한 모금 갈급한
타는 목마름 갈증이 밀려오는 그 시간
걸음걸음 옮겨주신 발자국소리 듣습니다

사랑이란 이름으로 머리 위에 손 얹어
축복하신 당신
일손 두고 먼길 달려와 눈물짓던 그대

후유증으로 열이 났고 가려운 몸
휠체어에 앉혀 감겨준 머리는 시원합니다

곁에 두고 보기에도 아까워 눈 못 떼는
언니 오빠들 현이 사랑합니다

병원 근무하며 잠결에 다녀간 현정이

사랑하는 조카 홍익이 죽마고우 정덕이
아픔을 아는 친구 귀한 걸음 고맙습니다

김 권사님 제 뱃속엔
자갈이 굴러가는 것처럼 무겁지만
저는 하나도 아프지 않습니다

번짐 없는 초기에 꽃이라지요
이런 행운은 어디에서 오는 걸까요

무력해진 몸 총총총 영양식을 달고
어린아이처럼
병원 칠층 실내를 돌고 돌아봅니다

새것은 새 부대에 담으라는 말씀 기억하며
붙잡아 주신 기도의 손길들 열매로
오늘, 눈물 한 줌 훔칩니다

행복한 웃음

하늘은 나를 위해 오래전 이 땅에
어머니를 예비해 두셨고

하늘은 나를 위해 이 땅에
예쁜 딸을 보내 주셨네

너로 인해 이기지 못하는 기쁨
너로 인해 이기지 못하는 은혜

바보 같은 사랑, 행복한 웃음이지

해설

화음和音으로 피어나는 시의 자리(꽃)

—서정옥의 시 세계

장 종 권 | 시인

1.

비 온 뒤 땅이 굳는 게 자연의 이치라면, 시련을 겪은 후에 삶에 대해 성숙해지는 건 인간의 숙명이다. 본래는 그래야 하지만 요즘 세상은 다 그렇지는 않다. 세상을 위협하는 기후변화 탓인지 비 온 뒤에도 비가 계속 내려 땅이 굳어질 틈을 주지 않기도 한다. 결국, 한 해 농사를 망치고 그뿐인가, 땅이 무를 대로 물러져 아무 생명력 없는 진흙이나 뻘밭으로 변한다. 사람은 또 어떤가, 시련을 극복하지 못하고 작은 곤란에도 쉽게 맥을 놓아버린다. 세상 소식에 귀 열기가 지금처럼 끔찍했던 적도 없다. 자연의 이치와 인간의 도리가 마치 경쟁하듯 어긋나고 심지어 종말을 향해 달려가는 형국을 거리낌 없이 드러낸다. 사실은 그래서 시련을 이겨낸 시인의 노래와 닥쳐오는 운명에 맞서겠다는 시인의 의지와 자세가 더욱 빛나 보인다.

서정옥 시인은 이번 시집을 통해 현재 마주한 일신一身의 시련을 극복해가면서 순간순간 생활에서 발견하는 감사해야 할 이유를 빠짐없이 기록하는 시작詩作을 통해 긍정의 무한한 힘이 시인 자신뿐만 아니라 동시대와 모든 이웃에게 번져가기를 기원하는 곡진함을 보여준다.

누군가의 손을 놓고
내게 온 난초
세 해를 거뜬히 뛰어넘더니
햇살이 곱게 피어나는 어느 날 아침
살짝 감긴 두 눈을 마주하던 날

메마른 꽃대 사이 살굿빛 고운 얼굴이
하늬하늬 나비처럼 너울을 쓰고
방긋 웃음을 터트린다

그 섬세하고 고운 선율
고난은 또 다른 기쁨의 시작이라
시련의 시간 뛰어넘어 화음으로 핀다

푸른 입술 선율 따라 나팔 소리로
행복한 미소를 물고 온다

—「시련 화음으로 핀다」 전문

난초를 기르는 기쁨이야 우리 시에서 이미 오랜 세월 여러 방향에서 익히 다루어지고 나름 상찬賞讚된 바 있다. 하지만 난초 하나하나가 다 다른 형과 색의 자태를 가졌고 또 다른 꽃을 피우듯 창조된 작품들도 나름의 차별성으로 빛을 얻는다. 이 작품에서 난초에 대한 직접 묘사는 "메마른 꽃대 사이 살굿빛 고운 얼굴이/하늬하늬 나비처럼 너울을 쓰고/방긋 웃음을 터트린다"는 2연이지만 정작 이 묘사를 더 실감케 하는 데는 "세 해를 거뜬히 뛰어넘더니"라는 1연의 기다림에 대한 간접 진술이다. 누군가에게서 내게 건너왔는데 그 첫해부터 '살굿빛 고운 얼굴'을 내밀었다면 꽃을 감상하며 꿈에 젖는 기쁨은 있었을지 몰라도 "고난은 또 다른 기쁨의 시작이라" 깨닫는 데까지는 역부족이었을 것이다.

시인이란 결국 사물에 견주어 정동情動과 사태의 추이推移를 싣고 드러내는 존재다. 앞 인용 작품에서는 비록 난초 한 촉을 대상으로 했지만, 이후 작품은 결국 시인 자신의 어떤 경지에 대한 솔직하고 애끓는 토로吐露로 이어지기 마련이다.

사랑하는 조카 홍익이 죽마고우 정덕이
아픔을 아는 친구 귀한 걸음 고맙습니다

김 권사님 제 뱃속엔
자갈이 굴러가는 것처럼 무겁지만
저는 하나도 아프지 않습니다

번짐 없는 초기에 꽃이라지요
이런 행운은 어디에서 오는 걸까요

무력해진 몸 총총총 영양식을 달고
어린아이처럼
병원 칠층 실내를 돌고 돌아봅니다

새것은 새 부대에 담으라는 말씀 기억하며
붙잡아 주신 기도의 손길들 열매로
오늘, 눈물 한 줌 훔칩니다

—「힘들 때 기도의 손길들」 부분

어떤 구체적인 언급보다 '수술 후유증', "뱃속엔 자갈이 굴러가는 것처럼/무겁지만", '금식으로 무력해진 몸' 등의 표현을 통해 시인이 큰 수술을 받았고 잘 회복하고 있음을 일차적으로 알 수 있다. 더 중요한 점은 이 상황을 시인이 자신을 염려해준 가족, 지인들과 믿음에 기초한 신앙적 의

미로 해석하고 있다는 점이다. 즉, "새것은 새 부대에 부으며 살라는 말씀"을 따라 신생新生의 길을 열겠다는 의지가 자연스레 드러난다. 따라서 이번 시집은 그 신생의 의지가 빚어내는 다양한 숨결로 아로새겨질 것이라 기대해도 무방하다.

2.

무언가 큰일을 겪게 되면 마음가짐이나 행동거지에 변화가 생기는 것은 당연지사다. 게다가 시인이라면 마땅히 그가 겪은 어떤 사건이 성찰적 계기로 작용해서 시인의 작품 세계의 변모를 가져왔으리라 기대하게 된다. 일반적으로 그 기대는 세 개의 단계를 통해 확인할 수 있는데 첫 번째는 지난날에 대한, 좀 더 구체적으로 들어가서 의례 당연한 것으로 알았거나 무심히 지나쳤던 것들에 대한 생각이 바뀌는 것이다.

육남매 자식 낳아 기르시고
혼인한 자식이 자식을 낳아
혼인할 만큼 오랜 시간 지났는데
아버지는 늘 마음에 빚진 마음
아쉬움을 토로하시네

'더 많이 가르쳤으면

높은 고관집 같은 곳에서 편히 살았을 텐데'
아흔셋이 되신 아버지 다 내어주어도
더 주고 싶은 마음
끝까지 자식 사랑 눈물 흘리시네

자식 잘되기를 비는 마음 부모 마음
한 가지 아직 남아 자식밖에 모르고
키우고 입히고 뒷바라지하셨는데
그래도 자식 힘들게 사는 게 자신의 탓인 양
괴로움을 토로하시네

—「아버지 마음」 부분

시인에게 '아흔셋'의 아버지는 '내리사랑'의 대표적 화신化神이다. 자식 '육남매' 낳아 기르고 혼인시켜 "자식이 자식을 낳아/혼인할 만큼" 세월이 흘렀어도 눈에 띄는 자식들 삶의 작은 불편, 곤란마저 다 당신의 탓처럼 생각한다. 이 지극한 사랑에 대해 시인은 생각으로는 알아도 몸으로 체득하지는 못했었다. 하지만 결국, 아버지가 "거친 들녘을 지나 서늘한 바람을 따라서/먹물 같은 진홍빛 백일홍 양탄자를 밟으며/홀로 쓸쓸히 님의 곁으로 가"(「아버지 가시던 길목」)신 후, 먼저 가 계신 어머니와 더불어 계심을 알면서도 비로소 어떤 허전함 속에서 '내리사랑'의 참 의미를 깨닫는다. 이 깨달음은 "더 주고 싶은 마음/끝까지 자식 사랑 눈물 흘리시"는 것이지만 또한 시인이 이어받아 "뜻깊은 보람 있는 시간/그렇게 설렘으로 다가오는 널 보며/은혜라는 단어가 떠올랐고/아픔을 딛고 일어난 보람을 알았지"(「기쁜 날」)라고 감탄하고 감사하며 자식을 바라보는 시선으로 연결되는 '내리사랑'의 의미이다.

다른 차원이지만 시인의 삶의 중심이라는 의미에서 어쩌면 같은, 그러나 다른 '내리사랑'의 존재는 신앙으로 늘 고백하는 '주님'이다.

끝까지 용서하며 화해하길 원하신 주님
행여 제가 알지 못한 것도 용서하소서

미움이 변하여 사랑이 되게 하시고
슬픔이 변하여 기쁨이 되게 하소서

주홍빛 같은 붉은 죄 기억도 하지 않으시고
다 씻어주신 큰 사랑

그 사랑 힘입어 끝까지 용서하며 살게 하소서
끝까지 사랑하고 위로하게 하소서

—「끝까지 사랑, 품게 하소서」 부분

난 오늘 당신의 십자가를 보았습니다
순결하고 고귀한

당신의 눈물을 보았습니다

내가 울고 내가 죽는 십자가의 사랑
주님 앞에 눈물의 강을 건너고 넘습니다

—「당신의 눈물」 부분

시인은 삶의 도정에서 "끝까지 용서하며 화해하길 원하신 주님"의 음성을 매 순간 듣고 그 자세로 '순결하고 고귀한 당신의 눈물'을 간단없이 본다. 인용한 두 작품은 주님의 '내리사랑' 앞에서 시인이 어떤 자세로 다시 새로워지는지를 함축적으로 보여준다. 그 극단에는 "당신이 원하시면 미움도 사랑으로/차가운 얼음도 녹일 수 있게/당신이 원하시면 제가 죽겠습니다"(「밀알」)라는 결기의 다짐이 있다.

이처럼 '내리사랑'에 대한 새로운 생각, 혹은 변화한 자세도 중요하지만, 시인의 성찰이라는 의미에서 중요한 두 번째 단계는 쉽게 놓쳤거나 나와 무관하다고 여겼던 대상에 대한 바뀐 생각, 혹은 관계를 보게 되는 것이다.

갈바람이 연지로 분을 발라
화사한 얼굴 수줍은 열아홉 처녀처럼
온 장안 곱게 물들어 향기로
단침 솔솔 부른다

—「골단감·1」 부분

꿀비, 꿀잠 불러오고

단비, 단잠 불러오네
온종일 소륵소륵 가루비
잠비에 눈꺼풀 내려앉네

—「꿀비, 단비」 부분

현대 시인들이 잊힌 존재의 발견이라는 측면에서 '잡초'나 뒤란에 버려진 '댓돌'을 대상으로 사용하지만, 서정옥 시인은 앞에 인용한 작품에서 볼 수 있는 것처럼 '골단감'을 드러내 보여준다. 이 '감'은 시인의 개인사 속에서는 할머니와 아버지를 이어 시인에게까지 연결되는 중요한 대상이었지만 사실 별 대수롭지 않게 여겼던 것 중 하나다. 그러나 그 향기와 맛, 즉 미각과 후각의 자극이 상상 속에서라도 시련을 겪고 난 시인에게 생명을 되살리는 추억의 힘이 되고 있다. 마찬가지로 '꿀비, 단비'는 "나를 꿈꾸게 하는 이"(「나를 꿈꾸게 하는 이」) 또는 "아랑곳없이 풀과 함께 자라 보란 듯/실한 열매를 내미는 보물 같은 녀석들"(「늦은 봄 텃밭 식구들」)을 달래준다는 점에서 그간 주목받지 못했던 것과는 달리 아주 소중한 존재였다는 것이 드러난다.

이런 단계를 거쳐 시인은 시련 이후 성찰의 계기인 변화의 세 번째 단계에 기어이 닿는다. 그것은 개별 사물이나 사건이 하나의 원리, 혹은 원칙을 통과해 보이는 것으로 일종의 시관詩觀으로 볼 수 있다.

부귀영화 영원할 줄 알고
사람들은 착각 속에 산다
푸르른 청춘 영원할 줄 알고
사람들은 착각 속에 산다
젊음은 잠깐이요 안개 같은 인생 잠깐인걸
사람들은 착각 속에 잃고 산다
고래 심줄처럼 질긴 생명이래도 한순간인걸
사람들은 착각 속에 잃고 산다
한 치 앞을 모르는 게 인생인 걸 남의 일인 양
사람들은 착각 속에 산다
삶이 천년만년 영원할 줄 알고
사람들은 착각 속에 산다

—「착각」 부분

잠시 숭어의 눈을 덮는 비늘처럼 문득 '착각'에 빠진다. 늘상 착각에 빠져있다면 그건 눈이 먼 것에 진배없음으로 자신이 괜한 어둠 속에 갇혀 있음을 인지하지도 못 할 것이다. 그러나 어떻게든 성찰의 계기를 통해 인생이든 시든 성숙을 바라는 시인에겐 그런 순간은 잠깐일 뿐이다. "고래 심줄처럼 질긴 생명이래도 한순간인걸" 알았으면서 더는 무시하기 어렵다.

원래 준비되어 있던 것이겠지만, 서정옥 시인은 '시련'의 한 굽이를 무사히 넘으면서 앞에서 살핀 세 차원의 자기 성찰을 거쳐 생과 시작의 어떤 '긍정의 힘'을 만난다.

3.

긍정은 단순하게 부정의 반대말이 아니다. 때가 되었는데 봄꽃이 피지 않은 건 그냥 꽃이 핀 것의 반대 상황이 아닌 것과 같다. 사람은 되어야 할 것이 되지 않았을 때마저 그저 실패 혹은 다음 기회라는 말의 술책을 통해 그 상황의 의미를 무화無化하지만, 자연은 그렇지 않다. 자연에는 실패가 없고, 다음 기회가 없다. 그래서 나무 한 그루가 자라나 아름드리가 되는 것 이상으로 아스팔트 사이에 잡풀 하나가 씨를 내려 대를 올리기까지에도 무한한 '긍정의 힘'이 필요한 것이다.

살다보면 맑은 날과 흐린 날이 있고
네 바퀴 같은 인생길
잘 나가다가도 고장난 리어카처럼
삐걱대고 버거운 게 인생이지

아쉬워한들 후회한들 무슨 소용 있을까
비가 온 뒤에 땅은 젖고 굳게 다져지듯
아픔의 뒤안길엔 기쁨도 따라오는 거지

고난은 또 다른 축복의 지름길
다시 좋은 날 올 테니 기다리는 것이지

이건 나의 오래된 습관적 생각

궁정의 힘 믿고 사는 삶의 믿음

힘이 들고 어려운 고난 닥쳐오고
집채만 한 풍랑 일어나 앞을 가려도
끄떡없는 거지

우리에겐 내일의 희망 있고
함께하는 그대 있으니
긍정의 힘을 믿어요

—「긍정의 힘」 전문

이번 시집의 내용을 통해 유추해보면 서정옥 시인은 몸의 큰 변화가 없을 수 없는 일을 겪었던 것으로 보인다. 그러나 이 체험은 시인의 '오래된 습관적 생각'을 오히려 강하게 만들면서 "고난은 또 다른 축복의 지름길/다시 좋은 날 올 테니 기다리는 것이지"라는 '기다림'의 정서를 전면에 드러나게 했다. 기다린다는 것 또한 막연하게 무슨 일이든 빚어질 것이라는 부정적이고 수동적인 피행위자의 불안도 있고, 마치 기독교의 도래到來처럼 역사와 기도를 완성하면서 신앙인의 '꿈'을 현실화하는 긍정 행위도 있다.

시인이 '긍정하는 힘'의 원천이 순전히 종교적인 믿음에서 비롯하나 묻는 것이 이번 시집을 읽는 방법의 마지막 수일지도 모르겠다. 시인은 자신의 '긍정의 힘'이 나오는 출처를

"오래된 습관 생각"이라 단정했지만. 습관적 사고가 꼭 종교적인지 아니면 상황에 대한 자기 이해에 따라 달라질 수 있는지 따져봐야 한다. "우리에겐 내일의 희망이 있고/함께 하는 그대 있으니"라는 전제는 시인이 바라는 긍정의 힘이면 천상보다는 아프고 힘든 이 지상에서 작용하기를 바라는 것 같은 뉘앙스를 풍긴다.

정원이 넓은 집 조그만 텃밭
땅 위로 발을 딛고 다닐 수 있는 곳

평수가 그다지 넓지 않아도
피아노 치며 시 한 자락 읊조리고

시에 곡을 엮어 노래하며 하늘을 날아오르며
푸른 잔디 위에 구름 앉는 의자가 있으면 좋겠네

하늘 달 별 보며
도란도란 얘기소리 들려오는 고향 같은 집

—「꿈에 그리는 집」 전문

이번 시집에서 시인은 시련을 이겨낸 후 '꿈'에 대한 몇 편의 작품을 보여준다. 굳이 '집'이 존재의 근거라거나 원형 상징으로 결속의 출발점이라거나 심지어 '가족'이라는 의미의 생성과 귀결의 터전이라 강조하고 싶지 않다. 다만 서정옥 시인이 '꿈에 그리는 집', 즉 언어로 형상화한 이 '집'은 앞에 언급한 세 차원을 모두 충족할 수 있을지도 모른다는 기대가 생긴다.